LE CHEMIN

DE LA

BANQUEROUTE

PAR

Emmanuel PERRAUT

Prix : 50 Centimes

LYON

IMPRIMERIE A. WALTENER ET Cie
14, Rue Belle-Cordière, 14

1885

LE CHEMIN

DE LA

BANQUEROUTE

PAR

Emmanuel PERRAUT

Prix : 50 Centimes

LYON

IMPRIMERIE A. WALTENER ET Cᵉ
14, Rue Belle-Cordière, 14

1885

NOTA

Toute demande, indication, observation ou rectification concernant la présente brochure devront être adressées au nom de l'auteur à l'imprimerie Waltener.

AVANT-PROPOS

Il y a longtemps qu'on l'a écrit : l'histoire financière d'un pays n'est, au fond, que l'histoire de sa politique.

C'est donc l'histoire de sa prospérité quand sa fortune, administrée par des hommes probes et prévoyants, a suffi à défrayer les charges du passé, les besoins du présent, sans compromettre les ressources de l'avenir. C'est l'histoire de ses malheurs, lorsque les deniers publics ont été, comme un patrimoine d'enfant prodigue, dévorés par les plus coûteuses fantaisies, pour être reconstitués, au jour le jour, tant bien que mal, par les plus inavouables expédients.

Or, la fortune d'un peuple, pas plus que celle des individus, ne peut vivre longtemps à renforts d'expédients. C'est dire qu'elle exige une comptabilité régulière et d'intègres administrateurs.

Faite de l'épargne de tous, du plus humble comme du plus riche, conquise sur le superflu des uns comme sur les plus laborieuses économies des autres, elle est digne de la plus vigilante sollicitude, et c'est commettre le plus grand crime d'État que d'attenter à sa sécurité.

Il serait puéril de démontrer qu'un grand peuple vaut non seulement par ses vertus ; il vaut aussi par sa richesse. Celle-ci, du reste, est ordinairement le résultat de ses vertus. Il appartient donc au peuple de choisir au trésor public des dispensateurs dignes de leur mission, par leur caractère, leur compétence, leur dévouement.

Ni la paix avec ses énergies fécondes, ni la guerre avec ses cruelles responsabilités, ne peuvent se passer d'argent. L'argent est le gage de l'une comme le *nerf* de l'autre. Et les peuples sont à plaindre qui, par leur incurie ou par celle de leurs gouvernements, gaspillent leurs ressources, puisqu'en pleine paix, ils risquent d'être à la merci de leurs concurrents ; en pleine guerre, à la merci de leurs ennemis.

On peut s'attendre à tout, d'ailleurs, chez les nations qui laissent ainsi aller leurs finances à la dérive, car il faut, tôt ou tard, que les situations tendues aient leur dénouement. A-t-on oublié que la Révolution est née d'une question d'argent ?

Que deviennent cependant les finances de la France depuis quelques années ?

Emprunts sur emprunts, expédients sur expédients, déficits sur déficits : voilà les errements suivis, et, pour couronner le tout, le mensonge impudent qui — à la veille des élections générales — nie effrontément les périls d'un aussi triste état de choses.

Et alors ?

Alors, nous nous trouvons en face de cette double conséquence qui mérite bien de préoccuper tous ceux qui gardent encore au cœur quelque amour de la France.

Ceux-là mêmes qui ont organisé le gaspillage, le nient. Ils sont donc peu disposés à se repentir ; bien plus, ils sont disposés, sans nul doute, à continuer les mêmes procédés financiers, à aller jusqu'au bout, à pousser jusqu'à l'abîme.

D'autre part, la France, ainsi trompée, peut garder sa confiance à ces mêmes hommes et laisser l'œuvre de ruine s'accomplir entièrement.

Il importe donc que quelques voix indépendantes s'élèvent pour jeter au peuple quelques salutaires avertissements.

Voilà pourquoi j'ai cru devoir résumer, en quelques pages, sur les documents officiels eux-mêmes, la véritable situation financière de la France, en l'an de grâce 1885.

Par conséquent, c'est entendu : ce court travail n'a pas la prétention d'apporter une révélation : il vise simplement à mettre, en quelque sorte, plus au grand jour, des faits et gestes et une situation qui ne sont pas assez connus du grand public.

Ce n'est pas non plus l'œuvre d'un homme de parti. Je demande instamment qu'on veuille bien prendre la peine de me lire avant de se prononcer sur ce point, car l'on verra, je l'espère, que c'est là l'œuvre d'un citoyen libre qui aime passionnément son pays et n'a en vue qu'un intérêt, l'intérêt de la France.

Août 1885.

CHAPITRE I

Méthode perfectionnée d'équilibrer le Budget

§ I

UNE RÉVISION DE BUDGET

C'est assurément une histoire curieuse et édifiante que celle de l'élaboration du budget de 1886, et qui mérite qu'on en dise quelques mots.

Ce budget est l'œuvre de deux ministres : MM. Tirard et Sadi-Carnot.

C'est M. Tirard qui en a d'abord fixé les principales bases ; suivant quels principes, d'après quelles règles, c'est ce que nous examinerons plus loin. Toujours est-il que son projet établissait les recettes ordinaires à 3,030,660,000 fr. et les dépenses ordinaires à 3,030,612,000 francs, ce qui faisait ressortir un excédant de recettes de 48,000 francs. Bien maigre excédant ! mais on pouvait s'en contenter par le dur temps qui court.

M. Sadi-Carnot — un ingénieur prenant la place de M. Tirard, au refus de M. Clamageran, — ne pouvait décemment s'en tenir aux plans de son prédécesseur. C'eût été par trop simple. Il fallait bien se donner l'air, pour la galerie, d'avoir quelques idées en matière financière, d'être à la hauteur d'une grande tâche, d'être de taille à passer au crible un projet de budget, de faire quelque chose enfin pour ce nombreux public des contribuables auquel on doit tant de sollicitude... à l'approche des élections générales.

Etant donné le peu de consistance de certains chiffres du projet de M. Tirard, c'était chose facile, comme on va voir.

M. Tirard avait porté quelque part en recettes, pour une somme de 34 millions, les droits dernièrement votés sur les céréales et les bestiaux. Comme M. Sadi-Carnot a entendu dire de tous côtés que ces droits ne peuvent produire une somme aussi élevée, M. Sadi-Carnot, qui n'est pas un entêté, s'en rapporte à la rumeur publique et évalue la perception du nouvel impôt à 25 millions. Pourquoi pas 20, pourquoi pas 15 millions; personnne ne le saura jamais, M. Sadi-Carnot ne l'ayant certainement jamais su lui-même.

Quoiqu'il en soit, d'un seul trait de plume, nous nous trouvons avec 9 millions de moins dans les recettes.

Ce n'est pas tout. En jetant un simple coup d'œil sur d'autres chapitres, notre nouveau ministre des finances a remarqué certaines majorations dont le chiffre fantaisiste répugne à sa loyauté, et *dare dare* M. Sadi-Carnot raye encore 8 millions sur le produit des tabacs et des postes et télégraphes.

Voilà le travail d'examen et de révision fort avancé; il se traduit déjà par une réduction totale de 17 millions sur les recettes. Ce n'est pas un mince trou à boucher, mais un ingénieur comme M. Sadi-Carnot n'est pas embarrassé pour si peu. Voyez plutôt. Il se dit, en effet, que si M. Tirard s'est permis d'enlever du budget des dépenses ordinaires les 60 millions destinés à faire face aux insuffisances de recettes des chemins de fer français, il n'y a pas de raison pour laisser figurer, à ce même budget, les 13 millions devant faire face aux insuffisances de recettes des chemins algériens. Et M. Sadi-Carnot s'empresse de réparer cet oubli ; 13 millions disparaissent ainsi du budget ordinaire pour être rejetés sur l'un des innombrables budgets spéciaux.

Quant au surplus manquant, le ministre se le procure tout unîment en augmentant de près de 5 millions l'évaluation des recettes sur les sucres.

L'équilibre est donc retrouvé ! Les comptes sont de nouveaux balancés, voir même avec un *boni* d'environ deux millions ! Quand je vous disais que M. Sadi-Carnot se tirerait aisément de toutes ces difficultés !

Je crois maintenant peu intéressant de vous dire en détail comment la Commission générale du budget d'abord, et la Chambre ensuite, ont, — à la façon Sadi-Carnot, — revu, corrigé, augmenté ou diminué les chiffres du ministre ; comment la première est arrivée à inscrire :

En recettes....... 3.018.783.445 fr.

En dépenses...... 3.012.570.906 »

et comment la seconde a inscrit à peu près le même chiffre en recettes, et seulement 3.015.500.000 en dépenses..

L'histoire deviendrait fastidieuse ; comme je regarde presque aussi superflu de faire remarquer que c'est sur le dos du clergé que la Commission et la Chambre ont principalement trouvé les légers excédants de recettes destinés à dorer la pilule au bon public.

Nous allons, d'ailleurs, sans tarder, nous faire une opinion à ce sujet.

§ II

LES RECETTES MAJORÉES

Vous souvient-il des violentes attaques dont fut l'objet, pendant quelque temps, le système *dit* Léon Say, en matière d'évaluation de recettes ? Durant deux ou trois années ce fut une clameur qui alla toujours croissant.

Parmi ceux qui s'élevaient avec le plus d'énergie, avec le plus d''indignation, contre ce système figuraient en première ligne M. Jules Roche et bon nombre des membres actuels de la Commission générale du budget.

Le plus gros reproche qu'on faisait à M. Léon Say et aux financiers de son école, avec très juste raison, à mon avis, c'était de majorer, c'est-à-dire d'augmenter les recettes en escomptant les plus-values possibles des impôts, par conséquent de grossir fictivement les ressources du budget. Les plus-values ne se réalisant pas ou plus, des mécomptes devenaient inévitables ; de là, le déficit. Du moins, au dire des opposants, c'en était presque l'unique cause.

Enfin, M. Jules Roche parut, je veux dire que lui et ses amis firent tant et si bien qu'ils furent hissés au pinacle ; ils devinrent les maîtres absolus de la Commission du budget. Pouvant, à leur gré, y faire la pluie et le beau temps, ils condamnèrent hautement et définitivement le système Léon Say, « ce galeux d'où venait tout le mal », il s'agit du système, bien entendu.

En même temps, les nouveaux dispensateurs de la fortune publique déclarèrent qu'il était de leur devoir de revenir à l'ancienne méthode, méthode qui avait prévalu depuis 1823, la seule vraiment logique et rationnelle, celle qui consiste à prendre pour bases d'évaluations des recettes les produits réellement encaissés pendant le dernier exercice clos. Conséquemment, en s'en tenant à cette règle, il suffisait, pour dresser le budget de 1886, d'inscrire en recettes les recettes réellement effectuées en 1884.

Voilà ce qu'on proclama vouloir faire.

Mais il paraît que pour les législateurs du jour, promettre et tenir font deux. L'examen le plus superficiel des recettes par eux prévues pour 1886, fait voir, en effet, comment ils sont restés fidèles à leurs déclarations.

Je ne citerai que quelques chiffres, mais ils démontreront amplement, j'espère, que ces soi-disant réformateurs ont violé sciemment et volontairement la règle qu'ils avaient déclarée si haut la seule excellente entre toutes.

Les impôts indirects ont été évalués, pour 1886, à...................................... 436 millions.

Or, en 1884, ils n'ont donné que...... 424 —

Majoration... 12 millions.

On a estimé le revenu des domaines pour l'année 1886, à .... 55 millions.

Il a été, en 1884, seulement de....... 45 —

Majoration... 10 millions.

Le produit des forêts pour 1886 a été arrêté à la somme de...................... 35 millions.

Ce produit ne s'est élevé en 1884, qu'à 28 —

Majoration... 7 millions.

Les douanes sont portées, pour 1886, pour la somme de................................ 338 millions.

Elles n'ont rapporté en 1884, que..... 310 —

Majoration... 28 millions.

En vérité, je n'en finirai pas, si je me décidais à poursuivre cette énumération, car j'aurais à signaler encore de sérieuses différences sur l'enregistrement, le timbre, les tabacs, les postes, l'impôt 3 p. %, etc. Mais cela m'entraînerait trop loin ; je constate seulement, pour conclure, que l'écart total entre les évaluations des recettes de 1886, et les recettes effectives de 1884, atteint près de 70 millions et qu'ainsi ces évaluations sont dépourvues de toute sincérité et bonne foi.

C'est, du reste, un fait notoire que, depuis quatre ans, les recettes du budget oscillent autour de 2,950 millions (1), et, comme elles tendent visiblement à baisser, c'est se tromper volontairement et vouloir tromper la nation que d'annoncer un produit total de 3 milliards 18 millions.

---

§ III

LA DISSIMULATION DES DÉPENSES

Si les auteurs de nos budgets savent oublier, si fort à propos, leurs principes pour enfler les prévisions sur les recettes de l'Etat, ils possèdent incomparablement mieux encore le talent de faire oublier au public un grand nombre de dépenses très embarrassantes lorsqu'on veut lui faire croire — car tout est là — à l'existence de l'équilibre du budget.

---

(1) Voici le montant des recettes de chacune des cinq dernières années :

1880	2 milliards		888 fr.
1881	2	—	909 »
1882	2	—	916 »
1883	2	—	958 »
1884	2	—	950 »

Cet équilibre étant absolument, mathématiquement, impossible à établir, si l'on met franchement en regard du montant des recettes le montant de toutes les dépenses, il est devenu nécessaire de recourir à certains artifices destinés, comme on dit vulgairement, à jeter de la poudre aux yeux de ce bon peuple toujours prêt à payer les yeux fermés.

Il y a eu un temps que le « truc » n'aurait peut-être pas réussi aisément. Ils étaient, en effet, un certain nombre de députés gêneurs qui, chaque année, s'acharnaient à vouloir que les écritures des finances de l'Etat fussent toujours la clarté et la simplicité même ; ils ne démordaient pas d'une comptabilité élémentaire, facile à contrôler, sans aucun point oublié ou obscur. A cette époque rétrograde, la comptabilité publique comprenait tout simplement un budget ordinaire, et, s'il était besoin, un budget extraordinaire ; on inscrivait au budget ordinaire les dépenses normales et permanentes, au budget extraordinaire toutes les dépenses faites à titre exceptionnel. Vouliez-vous connaître le montant des dépenses de l'Etat ? Vous n'aviez qu'à additionner les dépenses du budget ordinaire et celles du budget extraordinaire ; cela vous donnait un total précis et sûr. C'était clair, net, facile, à la portée de tout le monde, c'est-à-dire de tous les électeurs.

La majorité actuelle ne pouvait conserver intact un système qui avait un tel mérite, un système bon tout au plus pour les Baron Louis, les Thiers, les Magne, les Mathieu-Bodet et autres financiers du vieux temps.

Les ministres de la nouvelle école ont fait une vraie *trouvaille*, suivant l'expression de M. Germain, député. A côté du budget extraordinaire, ils se sont mis à créer, une multitude de CAISSES SPÉCIALES, véritables tonneaux

des Danaïdes, aussitôt vides que remplies, dont le fonction-
nement ingénieux est surtout destiné à dissimuler un
certain nombre de dépenses dont l'ensemble eut évidemment effrayé le gros public dont on tient à se ménager
les suffrages. C'est à cet effet qu'on a créé successivement
la *caisse* des écoles, la *caisse* de six grandes Compagnies
de chemin de fer, la *caisse* des chemins algériens, la *caisse*
de garantie des chemins de fer, etc. Il existe si je ne me
trompe, sept ou huit caisses de cè genre, établies depuis
trois ou quatre ans. Et plus on va, et plus elles se
multiplient.

Le procédé, on le voit, est merveilleusement imaginé.
Tout ce que l'on prend dans ces caisses, c'est autant
qui ne figure plus, soit au budget ordinaire, soit au budget
extraordinaire, de sorte que le ministre arrive à ne plus
inscrire que le total des dépenses qu'il juge à propos.
L'arbitraire a donc beau jeu, et comme il est aisé, après
cela, de faire miroiter cet équilibre qu'on veut pouvoir
montrer coûte que coûte !

Je vais, au surplus, essayer de mettre ce procédé encore
mieux en lumière, en citant les chiffres qui me paraissent
et les moins contestables et les plus édifiants.

J'ai montré plus haut que les ressources sur lesquelles
on pouvait compter pour 1886, s'élèveraient
à environ..................................... 2,950 millions

La Chambre ayant arrêté les dépenses
à la somme de près de.................. 3,016 —

Il semble que l'excédant des dépenses ne
sera guère que de..................... 66 millions

Il n'en est rien cependant. L'écart sera de beaucoup plus
considérable, car, d'un côté, on a omis volontairement des
dépenses faciles à prévoir, et, d'un autre côté, on a réservé

le plus grand nombre possible des dépenses pour les caisses spéciales créées ou à créer.

Ainsi s'est-on gardé soigneusement d'inscrire au budget :

1º Les 60 millions d'avance à faire aux compagnies de chemins de fer, ci   60,000,000

2º Les 13 millions d'avance à faire pour les chemins algériens, ci   13,000,000

3º Les sommes nécessaires aux chemins vicinaux. Chaque année il est dépensé de ce chef de 12 à 20 millions. C'est donc être modéré que de compter la dépense de 1886 à.   15,000,000

4º Les frais d'occupation de la Tunisie qui sont revenus, en 1884, à 17 millions ; mettons, pour 1886, seulement   12,000,000

5º Les frais d'occupation du Tonkin, car il ne faut oublier que nous avons là-bas une armée de 35,000 hommes à entretenir. Cela nous coûtera évidemment plus de   50,000,000

6º Les frais d'occupation de Madagascar. Comme nous y dépensons, en 1885, une vingtaine de millions, on peut hardiment compter pour 1886, sur   15,000,000

7º Les frais qui seront occasionnés par la pacification et le protectorat du Cambodge. C'est une somme d'au moins   5,000,000

8º Les frais qui doivent forcément résulter de la rélégation des récidivistes dans les colonies. Si l'on s'en tient au chiffre établi par la discussion de cette loi, c'est d'une dépense de 8 millions qu'il s'agit (1). Inscrivons seulement........................... 5,000,000

9º L'annuité de l'emprunt, récemment voté, de 320 millions en faveur de la caisse des écoles, soit........................ 9,500,000

10º Les travaux d'amélioration aux ports et canaux, qui figurent à tous nos budgets pour une somme d'au moins 20 millions, ci 20,000,000

11º Les frais de réfection de notre flotte de l'Extrême-Orient, qui se trouve, dans l'état de délabrement que l'on sait, réfection estimée par le ministre de la Marine lui-même à plus de 140 millions; mettons seulement 100,000,000

Ensemble, en chiffres ronds..... 305,500,000

Et combien d'autres dépenses, combien d'autres crédits supplémentaires (2) n'ajoutera-t-on pas à cette liste déjà longue et plus que suffisante pour faire juger cet équilibre tout électoral que poursuivent si ardemment nos ministres ?

---

(1) Pour la relégation de 1000 récidivistes seulement, les ministres de l'Intérieur et de la Marine viennent déjà de demander un premier crédit de 1,550,000.

(2) C'est une habitude bien connue de la Chambre que, le budget bien et dûment bouclé, elle reçoit et accepte un grand nombre de demandes de crédits supplémentaires, dont le premier effet est de renverser la balance si laborieusement établie en la faisant fortement pencher du côté du plateau des dépenses. Ces crédits atteignent souvent un chiffre élevé, comme ceux demandés pour le Tonkin et Madagascar; parfois, ils forment une série interminable, comme dans la séance du 27 juillet 1885, où l'on n'a pas moins adopté, sans discussion, **17** crédits supplémentaires formant un total de **39** millions.

Quoi de plus imaginaire qu'un tel équilibre ! Récapitulons, en effet :

65 millions de mécompte sur les recettes,
ci...................................... 65,000,000

3o5 millions de dépenses non inscrites, ci   3o5,000,000

Cela nous promet déjà un déficit certain de   **370,000,000**

CHAPITRE II

Les Résultats.

§ I

LE DÉFICIT D'AUJOURD'HUI

Il y a peu de jours encore — au moment où se tracent ces lignes — j'entendais une personne très-honorable, très-intelligente et très-désintéressée au point de vue politique, demander le plus sérieusement du monde si le déficit dans nos finances, dont on parle tant depuis quelques mois, existait réellement. « Entre les affirmations des uns et les dénégations des autres, ajoutait mon interlocuteur, il était bien permis de douter. »

Je dirai à mes lecteurs comme je dis à cette personne .
« Non, il n'est pas, il n'est plus permis de douter. »

Voici pourquoi :

Et d'abord les auteurs du déficit l'avouent eux-mêmes.
Habemus confitentem reum; les coupables laissent échapper des aveux!

Dans la séance de la Chambre du 25 juin dernier,
M. Sadi-Carnot, ministre des Finances, n'a pas hésité à
reconnaître que : « *L'excédant des dépenses de 1884 sur
les recettes peut s'évaluer à 157 millions* (nous verrons
bientôt ce qu'il faut penser de ce chiffre), CE QUI PORTE
L'ENSEMBLE DES DÉCOUVERTS A UN MILLIARD HUIT MILLIONS
AU Ier JANVIER 1885. » (1)

Autre aveu — entre beaucoup — qui complète le précédent.

Celui-là émane de M. Rouvier, ancien ministre, ancien
rapporteur général du budget, président actuel de la
Commission générale du budget : « IL EST PARFAITEMENT
VRAI, a dit textuellement M. Rouvier, dans la séance du
11 juillet dernier (2), QUE LE CHIFFRE DU DÉFICIT QUE L'ON
PEUT PRÉVOIR POUR **1885**, REPRÉSENTE, A PEU PRÈS, LES
DÉPENSES FAITES OU VOTÉES POUR L'EXPÉDITION DU
TONKIN. » Autrement dit : le déficit de l'exercice 1885
sera d'au moins 350 millions.

Est-ce net et catégorique? N'est-il pas manifeste que des
déclarations réunies de M. Sadi-Carnot et M. Rouvier,
il résulte que le découvert du Trésor s'élève actuellement
à **1,360** millions au moins? Comprenez-vous maintenant
que l'honnête M. Clamageran, ministre des Finances depuis

---

(1) V. l'*Officiel* du 26 juin 1885, page 1228.

(2) V. l'*Officiel* du 12 juillet 1885, page 1422.

huit jours à peine, n'ait pas voulu garder son portefeuille devant le refus de ses collègues de lui laisser faire un emprunt immédiat de un milliard et demi?

Et M. Jules Roche, m'objecte-t-on, il n'avoue pas, lui!

Eh! mais, voyons, comprendrait-on un M. Jules Roche qui avouât? N'est-ce pas son rôle de crier désormais sur les toits, à tout propos et hors de propos, que la France a le bonheur de posséder les meilleures finances de tous les peuples? Vous figurez-vous un M. Jules Roche ne faisant pas l'éloge de tout dans le gouvernement depuis qu'il y est devenu quelque chose? (1)

Que si, par hasard, la Chambre se trouve d'avoir à s'occuper des traitements des curés de campagne, et qu'elle montre une certaine hésitation, alors, mais alors seulement, l'aspirant-ministre sortira peut-être de ses habitudes et se laissera aller, dans la chaleur de l'argumentation, à commettre une légère indiscrétion — d'au-

---

(1) Est-il nécessaire de montrer par les actes de M. Jules Roche que le seul principe auquel il obéisse et reste vraiment fidèle, est celui de l'intérêt de son ambition personnelle? Il a été clérical, lorsqu'il était de bon ton d'être clérical; il s'est trouvé républicain, lorsqu'il a vu qu'un vent favorable enflait les voiles du vaisseau de la République; il a été rallié à la gauche avancée tant qu'il a cru qu'elle finirait par s'emparer du gouvernail, et il est devenu enfin opportuniste lorsqu'il a jugé que l'opportunisme seul pouvait lui faire une belle place.

Une petite anecdote pour achever de peindre le personnage. Au mois de janvier 1885, M. Jules Roche se rendit à Lyon pour faire une grande conférence sur les *Finances de la République*. Le soir eut lieu le grand banquet obligatoire, présidé par M. Clavel, conseiller municipal et ami particulier de M. Jules Roche, lequel avait déjà présidé la conférence. Au dessert, M. Clavel n'hésita pas à demander, dans un toast bien senti, que son ami M. Jules Roche « fut appelé le plus tôt possible à diriger les finances qu'il connaît si bien ». Et M. Jules Roche se laissa casser l'encensoir sur le nez sans mot dire. On n'est pas plus... naïvement ambitieux.

tant plus précieuse à recueillir — destinée à secouer l'Assemblée et enlever le vote. Ce n'est pas, ira-t-il jusqu'à dire, comme dans la séance du 10 mars dernier, *ce n'est pas au moment des difficultés financières présentes, quand il faut,* PAR ÉCONOMIE, *ajourner les dépenses les plus urgentes*, etc.

Tiens! il y a donc des difficultés financières? Ce n'est pas certes votre langage en toute occasion qui eût pu nous les faire soupçonner.

Mais laissons là les déclarations plus ou moins franches de M. Jules Roche, pour ne nous en rapporter qu'aux résultats officiellement constatés.

Ceux que je vais faire connaître sont rigoureusement vrais. Aussi, puis-je bien dire comme M. Germain qui les a produits à la tribune de la Chambre, en présence du rapporteur général lui-même, sans la moindre dénégation de sa part : Les chiffres qui suivent sont vrais pour deux raisons : la première, c'est qu'ils ont été relevés uniquement et exclusivement dans les *documents officiels ;* la seconde, c'est qu'ils sont conformes, A UN CENTIME PRÈS, à ceux consignés dans le rapport de M. Jules Roche. Les chiffres en question sont donc CERTAINS et INCONTESTABLES.

La situation financière étant restée bonne jusqu'en 1876, nous prendrons les résultats à partir de cette époque seulement.

En 1877, les dépenses totales se sont élevées à . . . . 2.869 millions,

Les recettes, à . . . . 2.780 —

d'où un déficit de . . . 89 millions.

En 1878, les dépenses ont été de.... 3.187 millions
—   les recettes ont été de..... 2.851   —

DÉFICIT   336   —

En 1879, les dépenses ont été de.... 3.054   —
—   les recettes ont été de..... 2.842   —

DÉFICIT   212   —

En 1880, les dépenses ont été de.... 3.187   —
—   les recettes ont été de.... 2.888   —

DÉFICIT   299   —

En 1881, les dépenses ont été de.... 3.488   —
—   les recettes ont été de..... 2.909   —

DÉFICIT   579   —

En 1882, les dépenses ont été de.... 3.567   —
—   les recettes ont été de..... 2.916   —

DÉFICIT   651   —

En 1883, les dépenses ont été de.... 3.578   —
—   les recettes ont été de..... 2.958   —

DÉFICIT   620   —

En 1884, les dépenses ont été de.... 3.620   —
—   les recettes ont été de..... 2.950   —

DÉFICIT   670   —

Réunissons tous ces déficits des huit dernières années et nous arrivons au chiffre respectable de.............. **3,456,000,000**

Si, en outre, nous prenons la peine d'y ajouter l'excédent probable des dépenses sur les recettes, pour l'exercice 1885, qui sera d'au moins 550 millions (1), ci **550,000,000**

Nous trouvons un déficit total de.. **4,006,000,000**

Ainsi, la majorité actuelle (sans compter ce qui concerne les communes et les départements (2)) a dépensé, pendant huit ans, en pleine paix européenne, la somme de **4 milliards**, EN DEHORS DES RESSOURCES RÉGULIÈRES DE L'ÉTAT, et en recevant de 400 à 450 millions de plus chaque année!!!

Tout commentaire serait superflu.

Pour faire face à cet énorme découvert, nos gouvernants ont employé deux moyens : 1º ils ont eu recours aux em-

---

(1) 552 millions suivant le calcul de M. Amagat, député républicain ; 347 millions du chef du budget ordinaire et 205 millions du chef du budget extraordinaire.

M.Wilson estime le déficit, pour les six premiers mois de 1885 seulement, à 285 millions (Séance du 10 juillet dernier).

Mes lecteurs ont vu plus haut le chiffre confessé par M. Rouvier.

(2) Il ne faudrait pas croire que la situation financière des villes et des départements soit plus brillante que celle de l'Etat. On ne peut pas être sage en bas quand on ne l'est pas en haut. Le même vent de folie souffle partout. En 1880, par exemple, vous pourrez constater, par la lecture]de l'*Officiel*, que :

73 départements ont emprunté ensemble...... 95.462.400 fr.

70 villes ont également emprunté — ...... 224.436.323 fr.

102 communes ont été obligées de recourir à la création ou à l'augmentation de surtaxes d'octroi.

prunts et se sont procuré de cette façon, en différentes fois, une somme totale de 2,990,000,000 de francs (1); 2° ils ont fait supporter le surplus par la dette flottante, de sorte que, tout en empruntant, ils ont encore augmenté le découvert du Trésor d'une somme d'au moins **1,016** millions. Cette dernière somme, ajoutée celle empruntée de 2,990,000,000 francs, représente bien, en effet, le déficit total constaté plus haut de 4 milliards 6 millions.

Ceux qui aiment les déficits dans les budgets — et l'espèce n'en est pas rare puisque c'est elle qui gouverne la France dans ce moment — ceux-là, dis-je, auraient bien mauvaise grâce de ne pas se montrer satisfaits, car, depuis quelques années, ils sont vraiment servis à souhait.

C'est ici le lieu de faire, en quelques mots, la lumière sur une opinion qui, tout en reposant sur une équivoque des plus grossières, n'en est pas moins très répandue

---

(1) Voici le tableau des emprunts faits depuis plusieurs années :

1° Rentes 3 %, amortissables, émission de 1878 (lois des 11 juin 1878 et 7 avril 1879)	439,878,547
2° Rentes 3 %, émission d'un milliard en 1881 (décret du 7 mars 1881)	999,967,365
3° Rentes 3 %, émission de 1,200,000,000 fr. en 1883 (loi du 30 décembre 1882)	1,200,000,000
4° Rentes 3 %, émission de 1884 (350 millions); loi du 30 janvier 1884	349,978,389
Total	2,989,824,301

Le capital *nominal* ajouté par ces émissions à la dette publique est de **4** milliards **70** millions.

J'omets à dessein le dernier emprunt de 320 millions, voté en 1885, et non encore entièrement réalisé.

Je ne parle également ici que de ce qui est purement emprunt, laissant de côté les recettes extraordinaires de toute nature absorbées pendant cette période.

dans un certain milieu, où elle est d'ailleurs soigneusement entretenue par les intéressés. Vous entendez parfois dire, en effet, que si nos finances sont dans un aussi triste état, cela provient de ce que nous avons présentement à payer les frais, dettes et charges que nous a légués l'Empire.

Il est malheureusement trop réel que l'Empire est tombé en nous laissant un lourd fardeau, et ce n'est pas moi qui l'en excuserai. Mais, à ceux qui prétendent tirer parti de ce fait pour décharger nos gouvernants actuels du reproche de gaspillage financier, il est bon de faire observer :

Qu'en 1876 les charges résultant de la guerre étaient entièrement liquidées, ou à très peu de chose près ; qu'à cette époque, les services étant tous très convenablement dotés, et le budget en équilibre, les dépenses ne montaient qu'à 2 milliards 570 millions ; qu'aujourd'hui cependant l'État, sans avoir eu à subir une grande guerre, trouve le moyen de dépenser **un milliard en plus** chaque année.

Je n'ai pas ouï dire que ce soit l'Empire qui soit revenu, dans l'intervalle, jouer à nos financiers modernes le mauvais tour d'augmenter de plus d'un tiers les dépenses publiques.

<hr>

§ II

LE DÉFICIT DE DEMAIN

Tout le monde a remarqué que M. Jules Roche n'avait déposé que très tardivement, cette année, son rapport sur l'ensemble du budget, si bien que, contrairement aux lois du bon sens et de l'usage, la Chambre avait déjà adopté une grande partie de ce budget qu'elle n'avait pas encore été saisie officiellement du travail du rapporteur général.

La curiosité publique fut même quelque peu surexcitée à cette occasion, M. Jules Roche s'étant mis en tête, disait les amis du nouveau Colbert, de procéder à la refonte générale du budget; besogne louable, à coup sûr, dans les circonstances critiques traversées par le trésor..... et par ceux surtout qui ont mission de l'alimenter.

La déception, hélas! fut universelle, car, au dépôt du fameux rapport tant désiré et attendu, on s'aperçut que le grand financier s'était donné un mal énorme, tout bonnement pour aboutir à une nouvelle classification des recettes.

Un travail sérieux, si court fût-il, sur la classification et la diminution des dépenses eut de beaucoup mieux fait l'affaire des contribuables.

C'est l'évidence même. Que les recettes soient classées sous un chapitre ou sous un autre, qu'on leur donne une étiquette ou qu'on ne leur en donne point, les recettes s'effectuent toujours et quand même, et le moins frustré, c'est toujours l'Etat, qui — nous sommes tous trop bien payés pour le savoir, — ne laisse jamais rien perdre de ses droits.

Ce qui nous est agréable à nous autres, pauvres hères, taillables et corvéables sous toutes les formes et sous tous les prétextes, c'est de savoir clairement et exactement ce qui est fait de l'argent qui nous est demandé.

Ayez quelque pitié de nous, Messieurs les députés! Nous ployons presque sous le fardeau ; pour un peu nous vous demanderions grâce à genoux ; et cependant, pour l'honneur de la France, nous tiendrons jusqu'au bout, nous tiendrons jusqu'à ce que nous tombions épuisés, mais pour Dieu ! donnez-nous donc un peu de cœur en nous traitant en hommes, avec la franchise que l'on doit à des hommes !

Ce qui nous serait agréable encore, c'est qu'un personnage possédant l'autorité qui s'attache aux fonctions de rapporteur général des budgets du peuple français, veuille bien étudier avec le plus grand soin le détail de dépenses qui dépassent trois milliards et demi, élague courageusement toutes celles qui ne sont pas indispensables, et Dieu sait si elles sont nombreuses ! et n'hésite pas à proposer aux pouvoirs publics des économies et des dégrèvements. Tâche difficile et ingrate, que celle-là, nous le comprenons ! Mais quel courant de reconnaissance nationale ne soulèverait-elle pas en faveur de l'homme vaillant qui l'aurait entreprise !

Si les rapporteurs du budget s'inspiraient de cette patriotique pensée, au lieu de mettre leur orgueil à justifier les prodigalités les plus insensées, nous n'aurions pas maintenant à déplorer un déficit aussi considérable et à redouter, pour demain, un déficit bien plus considérable encore.

Le déficit de demain ! C'est là, véritablement, en effet, le point noir de l'horizon ; c'est là le gros nuage sombre qui ira grossissant, grossissant sans cesse, jusqu'à ce qu'il crève enfin en un ouragan formidable semant au loin la terreur et la dévastation.

Et quand je parle du déficit de demain, je n'entends pas faire allusion à un certain déficit probable, hypothétique, qui viendra, à une époque éloignée, peser sur les générations futures. Non, j'entends parler d'un déficit très prochain, d'un déficit qui se produira nécessairement d'ici trois ou quatre années, d'ici dix ans au plus tard, j'entends surtout parler d'un déficit déterminé, certain, qui résultera à bref délai, des actes accomplis par la majorité actuelle, des engagements qu'elle n'a pas hésité à contracter.

Tenterai-je de faire le compte général de ces actes et de ces engagements ? Ce serait un travail immense et qui dépasserait trop le but de ce modeste opuscule.

Je me contenterai d'en dresser une simple énumération, suffisante, j'espère, pour édifier mes lecteurs, pour leur faire entrevoir la profondeur de l'abîme vers lequel nous dirigent tout droit nos gouvernants.

J'indique donc, comme dépenses non comprises dans le déficit mentionné ci-dessus, et cependant déjà faites ou votées ou engagées, EN DEHORS ET EN SUS DES DÉPENSES NORMALES DE CHAQUE ANNÉE, les dépenses suivantes :

1º Une somme de 436 millions due à ce jour pour maisons d'école, et non encore inscrites dans nos budgets. M. Amagat en a fait la démonstration dans la séance du 23 juin dernier (1), ci................. 436 millions.

2º Une somme de 618 millions prévue par le rapporteur spécial en suite des décisions prises pour l'achèvement du matériel scolaire (22.000 écoles à pourvoir), ci.... 618   —

3º Une somme de 900 millions indiquée comme nécessaire par le ministère des travaux publics pour les travaux résolus de la navigation maritime et fluviale....... 900   —

4º Une somme de 250 millions que le rapporteur du budget des travaux publics demande   comme   indispensable   pour

---

(1) Voir l'*Officiel* du 24 juin, page 1200.

l'achèvement des lignes du réseau de
l'État, ci... 25o millions.

5° La somme de 2 milliards à payer aux
grandes compagnies en vertu des Conven-
tions de 1883 pour le remboursement des
travaux que ces compagnies sont chargées
d'effectuer pour le compte de l'État. Ce
dernier paiera par annuités ou autrement,
mais enfin il paiera, etc., etc., ci........ 2.000 —

Total des sommes indiquées ci-dessus. 4.204 millions.

A ce montant, il convient d'ajouter :

1° Le découvert actuel certain, avéré,
ainsi que nous l'avons constaté, soit..... 1.36o —

2° Le déficit de 1886, qui ne peut être
d'après les observations ci-dessus, moin-
dre de... 37o —

Nous trouvons donc qu'il faudra payer
d'ici quelques années, en dehors des ressources normales du budget, la somme de 5.934 millions.

J'ai bien dit, **cinq milliards neuf cent trente-
quatre millions**!...

On ne peut nier que ce ne soit là un joli denier, promet-
tant à notre patrie de beaux jours encore, sous la tutelle
vivifiante du régime des emprunts et des impôts de toute
nature.

Allons, citoyens français, à qui la naissance a donné le
privilége d'habiter la contrée la plus merveilleusement
douée du globe, prenez courage. L'avenir vous sourit.
Vous, surtout, que les plus rudes labeurs ne rebutent pas,
qui mettez à profit le temps de la paix pour le féconder de

vos sueurs, qui, toujours levés avec l'aube pour vaquer au travail de chaque jour, le poursuivez bien avant dans la nuit, vous que rien ne lasse, que rien ne décourage, que rien ne dompte, livrez avec confiance ce que vous possédez aux hasards du commerce et de l'industrie, élevez des usines, fondez des comptoirs, percez les flancs de la terre pour en extraire le charbon et les minerais précieux, organisez des exploitations de toutes sortes, ou même creusez le sol d'un pénible sillon, et alors, quand vous aurez fait tout cela et que vous aurez le front mouillé à la peine, très-haut et très-puissant seigneur le Fisc se présentera, au nom de la loi et du gouvernement, et, la bouche railleuse, le ton rogue, le cœur d'airain, il vous prendra, de ses longs doigts crochus, le plus clair du fruit de votre labeur.

C'est qu'il est dur et exigeant notre seigneur le Fisc! Il vous demandera compte et de l'air que vous respirez, et de ce que vous buvez, et de ce que vous mangez, et de ce qui sert à vous vêtir, et des portes que vous ouvrez pour aller et venir, et de vos fabriques, et de vos exploitations, et de tout ce que vous y employez, et de vos maisons, et de vos champs, et de votre mobilier, et des gens à votre service, et de votre famille, et de vous-même. Il voudra tout voir, tout savoir, tout frapper de la taxe commandée par la loi. Et Dieu sait ce qui vous restera lorsque notre seigneur le Fisc aura passé !

CHAPITRE III

Les Causes.

Comment a pu se produire la désastreuse situation exposée dans les pages qui précèdent? Cette question, si elle préoccupe peu les ministres du jour, vient assez naturellement à l'esprit de beaucoup de gens.

Mais, ou je me trompe fort, ou le lecteur qui a bien voulu me faire l'honneur de me suivre jusqu'ici, a déjà deviné les causes multiples d'un état de choses aussi lamentable. J'imagine même que je n'ai plus guère à lui apprendre à ce sujet; cela se sent, en effet; cela se voit; cela crève tous les yeux qui ne se ferment pas volontairement. Aussi bien aurai-je passé la question sous silence si je n'avais pensé que de son examen, tout rapide soit-il, naîtraient d'utiles observations et de précieux enseignements.

Il me paraît que l'état déplorable de nos finances tient surtout à trois causes générales, autrement dit, que la politique financière suivie depuis près de dix ans, est atteinte de trois vices principaux, d'une gravité capitale, évidemment appelés, si l'on ne se hâte pas d'y mettre bon ordre, à conduire le pays, tôt ou tard, à une crise économique terrible, et peut-être à la banqueroute.

L'un de ces vices est l'oubli volontaire — je ne puis croire qu'il ne le soit pas — des règles les plus élémentaires, et, par conséquent les plus inviolables, d'une comptabilité publique; c'est l'abandon systématique des vieilles et saines traditions financières, en honneur dans les Etats les plus grands et les plus prospères, l'abandon en un mot des plus importantes des règles protectrices de la fortune nationale. Un excellent mémoire paru l'année dernière le faisait déjà remarquer: on viole ouvertement, en matière de budget, les usages les plus constants, et, ce qui est autrement grave, *les textes de lois les plus formels.*

Ainsi, outre les procédés arbitraires que je signale plus haut, on fait des prélèvements sur les exercices antérieurs, on commet de fréquentes interversions de crédit, on paie sans pièces justificatives, on va jusqu'à effectuer des recettes sans titre légal (1), et des dépenses sans crédit. De cette façon, mille fissures sont ouvertes par où s'échappent l'épargne et l'argent du pays.

On comprendra que je ne puisse donner ici le détail de ces irrégularités de tous genres, contre lesquelles d'ailleurs la Cour des Comptes s'est élevée avec énergie. J'observerai seulement qu'elles sont devenues si nombreuses, depuis quelque temps, qu'un député républicain en est venu à écrire publiquement: « *En vérité, depuis 1879, il n'y a plus de budget dans notre pays, mais des écritures sans sincérité qu'on ne semble plus tenir que pour masquer la vérité.* »

Une autre cause, non la moindre, du désarroi de nos finances, c'est l'incurie et la mollesse du Parlement

---

(1) V. le rapport public de la Cour des Comptes sur l'exercice 1879, page 29.

dans les questions budgétaires et celles qui s'y rattachent.

Qu'avons-nous vu pendant le cours de ces dernières années? Constamment, d'un côté, des ministres qui présentaient des projets d'emprunts, de caisses à créer, de grands travaux à décider, ou de toutes autres opérations plus ou moins heureusement conçues, et, d'un autre côté, des commissions parlementaires se trouvant toujours unanimes, ou à peu près, pour condamner les projets en question comme mauvais, mais finissant toujours par les adopter quand même, pour ne pas emb.....arrasser le gouvernement. Pensez donc! un gouvernement si bien à votre dévotion, comment songer à lui créer un sérieux ennui?

Les exemples abondent de cette honteuse condescendance des commissions parlementaires; je me bornerai à un seul qui est très récent et très connu.

Dans le courant de juin dernier, la plupart des journaux ont publié la note suivante:

« La commission du budget a discuté hier le système du ministre des finances tendant à l'émission de 320 millions d'obligations à 22 ans pour subvenir aux dépenses de la caisse des écoles et de celle des chemins vicinaux qui pèsent sur la dette flottante.

« La réunion s'est trouvée presque unanime pour considérer ce système comme défectueux. Elle aurait préféré que le gouvernement fît un emprunt de liquidation au lieu de cet emprunt déguisé et insuffisant.

« Toutefois, le gouvernement se refusant à faire cet emprunt actuellement, M. Ribot a émis l'avis qu'il aurait fallu se borner à émettre des obligations à court terme qui auraient été une sorte d'à-compte sur l'emprunt futur, dans lequel elles se seraient fondues, tandis que les obligations à 22 ans ne seront pas remboursables par anticipation si on ne le stipule pas expressément.

« Finalement, la réunion, malgré son sentiment défavorable au système du ministre, a jugé qu'elle ne pouvait pas substituer son initiative à celle du gouvernement en cette matière. Le projet du

ministre a donc été adopté par 8 voix ; il y a eu **14** abstentions sur
22 membres présents.

Peut-on abandonner avec plus de désinvolture aux
caprices d'un ministre les intérêts d'un grand pays ? (1)

Mais, messieurs les députés, si vous vous reconnaissez
impuissants contre les projets que vous trouvez détestables,
à quoi servez-vous, sinon à couvrir certaines turpitudes
du manteau sacré de la loi ?

Enfin la grande plaie de nos finances, profonde entre
toutes, celle qui nous tuera, c'est la progression des dépenses publiques, progression ininterrompue, sans cesse
croissante, cherchée, voulue, poussée sans trève ni merci,
poursuivie envers et contre toutes les observations les
plus modérées, avec l'entêtement de fous furieux.

Certains meneurs, qui arrivèrent assez inopinément au
pouvoir à la suite des élections de 1877, crurent rendre
un précieux service à la cause républicaine — et à eux-
mèmes — en engageant le gouvernement et les Chambres
dans la voie des grandes entreprises et des grandes
dépenses ; tout ce monde se persuada vite qu'il était de
l'intérêt et de l'honneur de la République de faire gran-
diosement les choses ; dès lors ce fut un emballement général ; cela devint de la rage. Tout devait marcher ron-
dement ; il fallait achever en dix ans ce qui, sagement

---

(1) Si j'avais eu l'honneur d'être secrétaire de cette légendaire commission, il est clair que, pour rester dans l'esprit de sa délibération, je
n'aurais pu rédiger mon procès-verbal que de la façon suivante : « La
Commission, considérant qu'elle est unanime à trouver défectueux et déplorable le projet présenté par le ministre des finances, mais considérant
d'autre part que ce serait faire de la peine à ce dernier que de lui en
demander un autre, que ce serait là créer un fâcheux précédent, adopte
néanmoins le projet présenté. »

conçu et sagement exécuté, exigeait au moins un quart de siècle. Et l'on se mit, bon train, à l'œuvre, sans compter, comme aussi sans réfléchir que faire vite et grand, c'est toujours chose fort coûteuse.

Est-il besoin de redire les faits connus de tous ?

Parlerai-je de ces centaines de lignes de chemins de fer qu'on entreprit à la fois un peu partout, dont la plupart ont coûté 3oo,ooo fr. le kilomètre, quelques-unes beaucoup plus encore, (1) et dont la presque totalité ne couvre pas ses frais d'exploitation ?

Parlerai-je de ces milliers d'écoles ou plutôt de *palais scolaires* qu'on a édifiés en quelques années sur tous les points du territoire, sans se soucier, dans beaucoup de cas, ni de l'utilité ni de l'exagération de la dépense ? Que l'on établisse des écoles dans toutes les localités, je le veux bien et l'approuve fort ; que l'on fasse mêmes de trèsbelles écoles partout où on le peut sans trop de difficultés, je l'approuve encore. Mais que l'on force, comme nous l'avons vu, des communes pauvres, de 5oo ou même 400 habitants, à élever des constructions de 35,ooo, 40,ooo et jusqu'à 45,ooo francs, sans tenir compte du petit nombre d'enfants à y abriter, c'est ce qui est absolument inadmissible et révolte tous les esprits sensés.

Il faudrait un volume entier pour traiter cette grosse question des travaux publics, avec le soin et le développement qu'elle mérite ; je ne peux donc m'y arrêter. Je me permettrai seulement, en passant, une courte observation, empruntée d'ailleurs à M. Germain, député : c'est que si le Gouvernement entend continuer ses grandes dépenses de travaux publics de tous genres, il veuille bien

---

(1) La ligne d'Elbœuf à Rouen est revenue à plus de 9oo,ooo fr. le kil.

le faire au grand jour, ouvertement, avec franchise, afin que le pays sache bien les sacrifices que l'on compte lui imposer. Je m'explique. Prenez le budget des travaux publics pour 1886. En l'examinant superficiellement, tel qu'il a été présenté cette année, il offre une économie de 80 millions sur ce qu'il était il y a dix ans. Mais faites rentrer dans ce budget, tout ce qui lui appartient et rien que ce qui lui appartient, vous constatez, au contraire, une augmentation réelle de **400** millions.

Pourquoi louvoyer, pourquoi user de ces moyens détournés ? Craindriez-vous, par hasard, la lumière ?

Je ne m'arrête pas non plus à mentionner, parmi les causes de l'augmentation des dépenses, ces expéditions lointaines, que l'on a tout au moins le tort de poursuivre partout en même temps; la question est presque toute politique et je ne veux point faire de politique dans ce travail.

Il est encore un autre mal sur lequel j'appelle l'attention pour finir : je veux parler de l'accroissement continu des dépenses des services publics, et notamment des administrations centrales. C'est que messieurs nos maîtres, dans la distribution de la manne budgétaire, n'ont garde de s'oublier, eux, leurs parents et amis.

En examinant l'ensemble de l'administration intérieure du pays, disait déjà en 1850 Berryer, dans un rapport célèbre, nous sommes obligés de signaler la ruineuse multiplicité des fonctions et des emplois publics que nous voyons s'accroître périodiquement, et qui appellent trop d'hommes, au moment de leur entrée dans la carrière de la vie, à solliciter de l'État une existence bornée, mais commode et sûre; ainsi se perdent l'énergie et l'honorable indépendance de l'homme, obligé d'assurer par lui-même son avenir ; ainsi s'éteignent trop de capacités qui auraient pu honorer et servir plus utilement le pays ; ainsi s'augmente pour les contribuables la charge de ces existences auxquelles il faut pourvoir, sans obtenir de leur travail une valeur égale à ces rémunérations accordées en trop grand nombre.

Si Berryer pouvait tenir un pareil langage, il y a plus de trente ans, quels accents indignés ne ferait-il pas entendre aujourd'hui ? Le mal qu'il signalait s'est, en effet, singulièrement accru. Depuis 1876, le seul chiffre des traitements civils a été augmenté de 100 millons ! Et comment en serait-il autrement avec l'abus des places et des créations de places que nous voyons se commettre sous nos yeux : dans ces dernières années il a été institué, dans les différents ministères, 10 directions nouvelles, 19 postes de sous-directeur, 51 places de chef de bureaux, 74 places de sous-chef, le tout agrémenté, est-ce utile de le dire ? des appointements les plus convenables ! ...

Et si nous prenions la peine de fouiller tous les coins et recoins de cette bureaucratie de plus en plus envahissante et de plus en plus agaçante, quelles découvertes ne ferions nous-pas ?

Hâtons-nous de jeter un voile sur ces misères et autres semblables, mais, de grâce ! que l'on songe enfin, une bonne fois pour toutes, à endiguer le flot montant du fonctionnarisme avec son accompagnement de dépenses injustifiées.

CONCLUSION

J'ai essayé de montrer le mal qui nous ronge. J'ai dit la situation telle qu'elle m'est apparue, en mon âme et conscience; j'ai dit la façon dérisoire dont on dresse maintenant le budget, le défaut de sincérité dans l'évaluation des recettes comme dans la prévision des dépenses, l'abandon des règles les plus essentielles de la comptabilité, le mépris des lois et règlements dans le maniement des fonds, les nombreux expédients dont on use couramment, l'art enfin qu'on déploie pour étaler un équilibre n'existant pas et ne pouvant pas exister; j'ai fait voir l'étendue du déficit actuel et j'ai établi le chiffre plus effroyable encore du déficit de demain.

Que me reste-t-il à ajouter, sinon qu'il est grand temps de remédier à un pareil état de choses.

Quant au remède, il est des plus simples, nous l'avons sous la main : il se trouve dans ce prochain scrutin qui va s'ouvrir dans toute la France.

Peut-être plus d'un lecteur attend-il ici que je me livre à des déclamations vaines sur les qualités des candidats de mon choix.

Qu'il se détrompe, car pour moi, je me place exclusivement au point de vue financier, la nuance du candidat m'importe peu; la question est beaucoup plus haute.

Je ne dis donc pas : Choisissez des conservateurs, choisissez des radicaux, choisissez des intransigeants.

Mais, comme je voudrais pouvoir crier à toute la France, crier surtout aux 12 millions d'électeurs français!

« Mes chers concitoyens, faites acte de suprême sagesse en ne donnant vos suffrages qu'aux hommes qui vous auront juré solennellement de renoncer aux errements financiers pratiqués depuis près de dix ans! Il y va de la fortune nationale et du sort même de la patrie! »

19676. — Imp. WALTENER ET Cⁱᵉ, rue Belle-Cordière, 14. — Lyon.

TABLE DES MATIÈRES

www.ingramcontent.com/pod-product-compliance
Ingram Content Group UK Ltd.
Pitfield, Milton Keynes, MK11 3LW, UK
UKHW021149140726
13695UKWH00005B/2040